JN409452

산다는 것은
박윤주 제 6 시집

산다는 것은

초판 인쇄 2014년 7월 12일
초판 발행 2014년 7월 16일

지은이 박윤주
발행인 임수홍
편 집 박미영
디자인 맹신형

발행처 도서출판 국보
주 소 서울 강동구 양재대로 114길 32 2층
전 화 02-476-2757~8 FAX 02-475-2759
카 페 http://cafe.daum.net/lsh19577
E-mail kbmh11@hanmail.net

값 9,000 원

ISBN 978-89-93533-79-8 03800

「이 도서의 국립중앙도서관 출판예정도서목록(CIP)은 서지정보유통지원시스템 홈페이지(http://seoji.nl.go.kr)와 국가자료공동목록시스템(http://www.nl.go.kr/kolisnet)에서 이용하실 수 있습니다.(CIP제어번호: CIP2014020882)」

| 시집을 내면서 |

6번째 시집이다.

문단에 시인답지 않은 회장이 계셔서 발행 못하다가 이번에 도서출판 국보에서 시집을 내게 됨을 영광으로 여긴다.

관심 가져주시는 팬들에게 영광드린다.

박윤주

Contents

제1장 사랑이 탄다

Contents

제2장 나도 이제 기대고 싶다

Contents

제3장 마음이 좋아

Contents

제4장 바람 부는 날

제1장 사랑이 탄다

애가 탄다
채워지지 않는 나의님이여!
옛말에 남자가 더
사랑해야 된다더니!

갈망

견물생심이다
사고 싶어진다
돈벼락 맞고 싶다
오늘도 가난으로 비전을 녹인다

궁금하다

나는 그게 참 궁금하다
그 많은 국회의원들이
하는 일이 뭔지

마음이 좋아

공주병 해돋이 하늘에 엎드려 놀다가
산을 베개 삼아 잠 푹자고
바다에 세수할거야
얼마나 예쁜 얼굴 볼 수 있는데
정이야 너도 예뻐
마음이 좋아

보람

우리는 일해서 얻는
보람을 즐긴다
성취욕은 우리를 긍지에
연결한다

선물

선물은 마음이다
밉다가도 선물을 받으면 좋아지기도 한다
마음이 돌아서면 선물도 싫다
대화는 선물이다

일요일이 좋다

침대 이불 위에

누워 TV 시청하는

시간이 난 좋다

그러다 시를 쓴다

교회도 다녀오고

일요일이 좋다

나이

20대 청춘이 벌써 40대
돈은 비어가고 남은 건 유명세
그래 그거면 됐다

꽃

아름다운 꽃 한송이
장미꽃 한송이
너에게 있던 가시들을

너의 님이 대신 찔리며 다가온다
감동은 사랑을 움직인다

차

나는 나만의 차를 갖고 싶다

기사님도 내가 월급 준다
그래
그래야겠다
돈도 없으면서

하늘밭

하나님이 하늘밭에
달이랑 해랑 별이랑
심어놓았어요
그런데 정의를 훼손시키는
풀들은 우리가 기도하며
캐내야지요

사랑이 탄다

애가 탄다
채워지지 않는 나의님이여!
옛말에 남자가 더
사랑해야 된다더니!

라면

쫄깃 국물 한번
소주 한잔
저절로 노래가 나온다

산삼

먹는게 재벌과 다르면 어떤가!
비빔밥 한 그릇으로
우리의 건강은 맛있고 행복하다

김치

저녁엔 뭐 먹을까?
열무김치랑 먹을까
가난한 내 생활
비전이 꿈을 부른다

쌀밥

흰쌀밥 연기가 모락
한 숟갈 떠먹으니
반찬이 어딨더라!
김치 하나만 있어도
맛있어서 진수성찬이네

친구

할 일도 있을텐데
내 애기를 한참들 들어준다
고마운 내 친구들
친구를 위해서라도 성공해야지
우정은 성공의 스승이다

소원

알람 핸드폰이 울린다
하루 잤으면 소원이 없겠다
소원은 일에 치여 나는 막
씻는다
일 안하면 시들어지더라

산다는 것

웃는 것
왔다 갔다 그 사람이
싫어지는 것 좋아지는 것
나이를 먹어가는 것

진실

내 사랑을 믿었는데
내 갈길 가야 하나
우리가 운명인 줄
알았는데

학원

내가 했던 학원 강의
그 자리가 그립다
지금은 내 체력이
따라가질 못한다
건강이 그립다

학교

추억이 담겨야만 될 곳이
여느 학생들에겐 악몽의 공간이다
악몽의 공간을 만드는 학생은
공부하지 마라 배울 자격 없다
인품 먼저 다듬고 그 뒤에 배워라

눈물

괴로움은 눈물을 부른다
눈물은 울고 나면 개운하게 한다
하지만 울면 눈이 아파지고
슬픔이 따른다
울면 손해다

외로움

나는 외롭지 않다
팬들이 있다
님과 엄마와 친구가 있다
여러분들께!
외로움은 떠나보내시기를!
웃음은 행복을 가져옵니다

이불

이불을 걷자
욕망이 숨어있다
가치로 전환하여
사회를 들자

경찰

깡패, 사채업자인지
경찰인지 모르는 분들이 있다
다시 한 번 가보자
그때 그 자리

제2장 나도 이제 기대고 싶다

나도 이제 편해지고 싶다
그대에게 기대면 편하다
어떨 땐 꽤 예민
해진다
남자라서 그래!

보디가드

나는 겁이 많다
내 최고의 보디가드는
남편이다

하나님은 장난기가 많으신가보다

욕을 만들어서
욕쟁이 할머니가 인기가 많다
하나님은 장난기가 많으신가보다
똑똑해지면 욕을 못하게 하시니!

내 집

옥상이 있는 단독주택
장미꽃 가시로
담장을 만들고
대문을 세우고
내 님과 함께 영원하리
누가 지나가다
물 달라면 줘야지
밥도 줘야지
주무시는 건 사절
숙박료로 대신함을
사죄드리며!

바다

바다는 철썩 잘도 웃어댄다
뭐가 그리 좋은지 물결치며
수다를 떨어댄다
바다는 내 친구다

기도

주여, 건강과 돈이 궁핍하니
나에게 주소서
은혜를 베푼 이들에게는
힘을 주시고
원수들을 쳐주소서
팬 여러분들 모두 행복주소서

님

님이여 가소서
내가 보내오리다
님이여 오소서
내가 맞이하리라
내 곁을 떠날까
오늘도 님을 찾는다

연주자를 보면서 생각하는 나

잘도 여기저기 왔다갔다
소리도 잘 낸다

나는 목소리가 커서
흠이다

일요일이 좋다

아빠가 침대에서
계속 쉰다
일요일은 아빠의 날이다

음료수

물만 마시곤 입맛이
심심하겠지
각 음료수의 혀끝 맛이
오락가락 신경전을 벌인다

손가락질

실수로 잘못했다
잘못이 없다
손가락질은 상처를 턱턱
건드린다
우리가 숨 쉴 틈은 있어야
하지 않겠나!

여성들

여성들은 다 날씬한 것
같다
나도 날씬하길 소망한다
그러자
부러워만 할게 아니라 노력하자
날씬해져야지

건강

내가 느끼는 내 건강의 부실함!
나에겐 계단 4층 오르내리는 게
일이다
좋은 분들은 다 건강하시길
기도 올린다

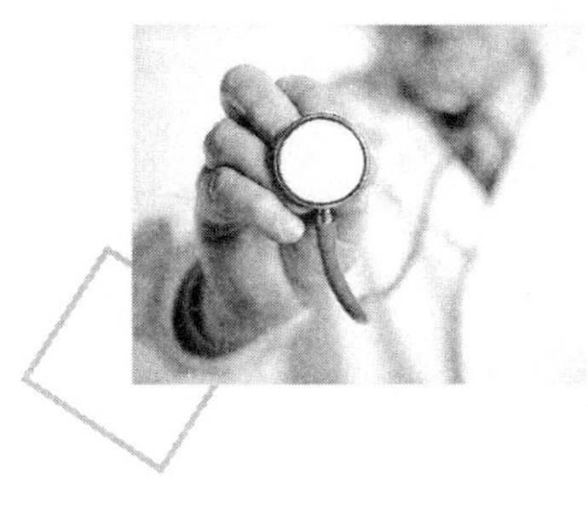

딸기

점이 콕콕 박혀 맛도 좋다

내가 가진 입술 옆에 점이
한동안은 싫었고 콤플렉스였다

과일

난 과일은 다 좋아한다
요즘엔 오렌지가 좋다
오렌지 드시고 피부 건강하세요

오렌지가 노란 옷 벗고 기다린다
상큼한 맛 하나씩 먹을 때마다
오렌지는 미소를 터트린다

아들

어느 부잣집 아들은
부모가 부자인게
싫은가보다
소리를 지르며 다니질
않나
사랑으로 녹였더니
조용히 말한다 자녀들에게
사랑을 퍼부어주자
조용히 말하는 대화를
나누어보자

백합꽃

백합꽃 닮은 원피스라
청초하여 단아함이 물결 흐른다

복주머니

누구든지 복 받고
싫어한다
하나님의 축복을
받는자는 복주머니에
담아 만세 축복
받으소서

님 생각

해장국 끓여
님 속 풀어주면
이 내몸 사랑받을 수
있을까나
항상 님 생각에
향수 한번 뿌려본다

나도 이제 기대고 싶다

나도 이제 편해지고 싶다
그대에게 기대면 편하다
어떨 땐 꽤 예민
해진다
남자라서 그래!

행복을 전하며

내 팬들께서 내가 병원에
있을 때 '나'와 내 시를 찾으셨단
말씀에 행복을 전한다
항상 행복하시길 기원한다
브라보, I love you

설탕

그녀는 내숭떨고
앉아있다
원두커피다
괜히 멋 내려 설탕을
타본다

이슬비

여러분도 있지 않은가!
그냥 비 맞고 걷고 싶을 때
머리 감아야겠다
긴 머리가 귀신같다

미소

우리는 미소 띤 눈빛이 되자
미소를 우리가 만든다

제3장 마음이 좋아

하늘 먹구름 소풍가버리고
혼자서 맑은 하늘 웃고 말거야
저녁노을 너도 쓸쓸해 보이네
우리도 같이 놀자
마음이 좋아

가난한 행복

저녁엔 잔치국수 해먹어야지
김치 같이 싸먹으면 더 맛있겠구나
소박한 행복이 모락 피어난다

개미

내가 별난 여자인건지
개미 한 마리 못 죽인다
입에 물고 열심히 걸어가는
개미는 더하다
일하고 있는데 말이다
개미는 도대체 어디까지
먼 거리를 뭔가를 물고 가는지
칭찬을 해도 부족하다
일개미는 일등이다

말

말은 술맛에 녹기도 하고
술맛에 대화로 풀어준다
말은 움직여주는 실마리다

신발

내 신발은 20켤레다
그런데 신을만한 건
몇 켤레 안된다
가난이 나를 쇼핑금지로
몰았다

현실

현실적으로 내가 할 수 있는
학원 강사
금전이 없다 돈을 모아
박사학위를 받아야겠다
나도 박사모 한번 써보자
국문과 교수도 하고
하나님, 주소서

이간질

수다 떨면서 이간질하는
여자들이 문제다
어디 너희들 떠는
죄책감 속에
나도 좀 끼어버릴까

인사

한 사람이 웃으며 인사한다
두 분 사이는 친해진다

동전

지갑 주머니에 동전이
귀찮기만 했었다
지금은 동전 하나가
필요하다

빵과 우유

5~6살 때 이모가 학교에
간다해서 막 울었다
윤주야 이모가 빵하고 우유타올게
철없던 나로 인해 얼마나
허기지고 먹고 싶은 걸 참고
있다 왔을까
울지 말자 은혜는 못 갚을망정

소망꽃

오늘도 헛걸음질
숨 가쁘게 달려
내게 오는 고독들
제자리 지키기도 힘들구나

너는 왜 이렇게 비친
햇살이 거울에 만져지는데
네 맘에도
내 맘에도
소망꽃 피고말고

마음이 좋아 2

하늘 먹구름 소풍가버리고
혼자서 맑은 하늘 웃고 말거야
저녁노을 너도 쓸쓸해 보이네
우리도 같이 놀자
마음이 좋아

버스, 택시 빵빵

천원이면 집 앞에서 시내까지
버스 좋다
택시도 편해서 좋다
난 둘 다 돈이 궁해 걸어 다닌다

윗층 언니

결정적인 순간에 도와준다
그러다 피해를 주기도 한다
그래도 난 언니가 좋다

아이들

노는게 얼마나 천진난만한지
그런데 어떻게 아이를 유괴
하려하는지 말이다
영원한 독방으로 가라

머리를 빨다

내 긴 생머리 머리 감기가
귀찮아 가만있으려니 머리가
간지러워 감는다
난 내 긴 머리를 빨았다

수양 엄마

수양 엄마는 독하다
그러나 밥과 반찬을
잘 만드신다
어머니가 맛있게
드셔야지요
툭하면 병원에 입원시키는
그녀를 증오하면서
사랑한다
오늘은 드릴 돈이
없다

TV(텔레비전)

컴퓨터가 없다 라디오도 없다
TV앞에 매달린다
나는 현재 만족한다
TV 꺼야지

찬스

우리에겐 인생이 있다
기회가 성공을 부른다
참여하라
하다가 힘들면 하나님을
찾으라
반드시 응답하신다
내가 시를 쓰고
있는 것도 유명해진 것도
영광은 하나님이다

동생

너희들이 시냇물에 손을 담그면
나는 강가에 나가 바다를 전망한다
너희들을 증오하면서도 기다리는 내
피를 알듯이 철새들이 떼 지어
날아온다

술

술은 사람을 실수하게도 하고
기분 좋게도 한다
나에게 술 없는 삶은
고독하다
우리네 삶은 밤이 오면
술을 찾아다니기도 한다

나와 같은 처지의 이들아!
우리는 찾았다
술을 적당히 마시며
행복하자
나는 기도하며 좋은
사람이 되길 연습중이다

빵

빵을 안 먹었고 안 좋아했다
병원에 입원해 있으면서
먹어보면 얼마나 꿀떡이던지
누가 만들어낸 메뉴인지
아이디어가 꿀떡이다

마음

나는 가끔 마음이
삐뚤어지려고 한다
다 같이 정갈하게
정겹게 살았으면
한다
길을 다니면서 인상들
찌푸리지 말고

개

주인을 위해 집을 지켜
타인이 오면 짖어대고
주인이 외출했다 돌아오면
꼬리를 흔들며 얼마나
반기는지
개는 충신이다

장식품

금으로 된 팔찌, 귀걸이
하고 싶다
님이 그만한 부가
있을까
벌어서 사달라고
할까나
그랬지. 님이 그랬지
돈도 주겠다고!
하나님! 감사합니다

강물

강물이 흘러 어디로 가나
우리 마음 흘러 어디로 가나
흘러 흘러 제자리에 있기만
하여라

제4장 바람 부는 날

바람은 불었고 나무는
흔들리며 울었다
그가 나를 보고 말했다
섹시하다고 말했다
내 속옷을 보고 말했다
자꾸만 자꾸 말했다

생활기록부

내 인생을 찢어놓았다
고3때 담임!
지옥으로 향하라
안 좋은 걸 비판하는
의견을 제시한 것뿐인데
생활기록부를 꼼짝없이
찢어놓는다

목사님

삼만 원을 도둑맞고 너무 궁했다
목사님께 부탁드렸더니
선뜻 내주셨다
주여, 그 목사님께 돈방석을
주소서

외식

김치랑 같이
삼겹살 구워먹으면
얼마나 맛있던지
아줌마, 여기 소주 한잔요
살맛난다

추억

김치 국물 냄새
좋아했던 남학생한테
들킬까봐 버스 탈 때마다
가까이 못가고 서 있곤
했던 일은 내 학창시절
추억 속의 그림이다

할머니의 샤워

그분도 여자다
샤워기물이 어깨부터
허리를 타고 뚝뚝 떨어진다
할머니는 아까부터 노래를
하신다

스승

스승이라 여기고
자랑도 했건만
이제 보니 엿가락이
늘어졌네

대표

오늘 우리의 가난과
허물을 누가 치유해야
하는가!

거울아

거울아! 세상에서 젤
누가 좋으냐?
시민의 신고를 받고
목숨 바쳐 달려오던
경찰 선생님들
경찰이 제일이다

갈등

오늘 또 잠을 자면 꿈속 안에
울어버릴까
외로움이 이렇게 아픈 갈등 속에
시간은 길어만 가는데
한숨 기침 자꾸만

안방구석까지 스며든 한숨
냄새일까
살기 위해 내 갈등 속에서
오늘도 나는 잠을 청하며 누워버린다

자녀 교육

자녀를 탓할 수 없다
윗물이 맑아야 아랫물이 맑다

다이어트

활동량이 없어지며
뚱보가 된 나!
다이어트에 몰입하면
내 특기는 안먹는거다
내 뚱보 몸무게 over

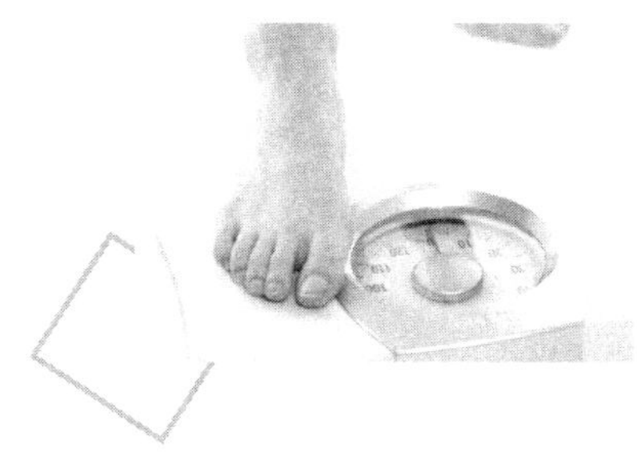

머리를 감는다

샴푸를 세방울 떨어트린다
한 방울은 소망
한 방울은 행복
한 방울은 건강

건강이 제일이라
건강은 사람을 편안하게 한다

간호사

간호사들은 쌀쌀맞음과 사랑을

동시에 공유한다

하긴 내가 하면 얼마나 잘한다구!

핸드폰

약속한 통화시간이 있어
자꾸만 쳐다본다
약속시간 어길까봐
자꾸만 핸드폰을 본다
섬세한 내가 싫기도 하고
맘에 들기도 한다

오렌지

처음엔 왜 드시나 이해가
안 갔던 오렌지!
언젠가부터 내가
좋아하는 과일 중 하나
과일은 우리에게 맛을
공급해주는 영양소
노란 옷 입은 과일이구나

화장품

어떻게 평범한 얼굴로 화장할 때
미인으로 만들어주는지
안 예쁘면 어떤가! 착하면 되지
화장품은 지구의 활력소다

크리스마스

난 크리스마스가
좋다
약속을 잘 지키니깐

무대

오늘도 무대에 서기 위해
연습을 한다
만나면 해야 될 대사
아니야
웃는 연습부터 해야지

오늘도 무대에 서기 위해
머리를 빗는다

나무

나무야, 자라라
자라다 힘들면 쉬라
가지를 뻗쳐라
산새들이 몰려와
편히 쉴 수 있게

숲을 이루어 열매를 맺어
산을 채우리라

잔치국수

난 잔치국수를 잘 만든다
선조의 아이디어는 기발할 때가 많다

불

패륜을 없애고 악의를 불 질러라
그것이 너의 운명인 것을
한번 태어나서 물로 사하는
너의 숙명인 것을
번져라, 꺼져라

부부 싸움

싸우라
누가 싸우지 말라 했느냐
눈빛으로 웃어준다
어깨에 손을 얹는다
부부싸움 물속에서 헤엄친다
우리는 정수기 앞에서 포옹했다

식사

밥상이 온다
군침 도는 반찬
젓가락은 누군가
개발해서 만드셨겠지

지금 이 순간 식사를
못하고 있는 분들에게
고개 숙이며 인사를 한다
괜한 시인의 잘난체를
했구나
내 주제에!

내숭

한 여자가 밥을 먹는다
밥 알 몇 개만 젓가락질하며
먹는다
그게 그녀의 스타일일게다

떡

떡 사세요
떡을 사
식구들 다 모여
말랑 찹쌀떡
사랑이 생긴다우
한국엔 떡
서양엔 빵
아하핫

우산

우산은 우리의 안식처
비를 대신 맞아준다
소나기야, 어디 한번
내려 봐라
우산도 샤워 한번 시켜보자구

바람 부는 날

바람은 불었고 나무는
흔들리며 울었다
그가 나를 보고 말했다
섹시하다고 말했다
내 속옷을 보고 말했다
자꾸만 자꾸 말했다

박윤주 시인의 5번째 시집

커피 하나 주면 안잡아먹지, 휘잉!!!

산다는 것은